AF284513

Kerzenlichter

Jochen Schleef

# Kerzenlichter

Reale Fantasien zu
Vergangenheit, Gegenwart
und
Zukunft

**Bibliografische Information der Deutschen Nationalbibliothek:**
Die Deutsche Nationalbibliothek verzeichnet diese Publikation
in der Deutschen Nationalbibliografie; detaillierte bibliografische
Daten sind im Internet über https://portal.dnb.de/ abrufbar.


© 2021 Jochen Schleef
Grafik: Nuttawut Uttamaharad/ Veleri/ Shutterstock.com
Satz, Umschlaggestaltung, Herstellung und Verlag:
BoD – Books on Demand, Norderstedt


ISBN: 978-3-7534-3833-7

# Gelassenheit, Weisheit und Mut
## Der Weg in die noch zu rettende Zukunft?

Aus der Gegenwart die Vergangenheit vielleicht anders beleuchten, um sich so individuell für die Zukunft zu positionieren, darum geht es in diesem Büchlein.

Veränderungen sind nicht nur wünschenswert und erforderlich, sondern für viele Menschen unumgänglich, da Bestandteile ihres gewohnten Lebens für Sie nicht mehr greifbar erscheinen oder sind. Der Zukunftsforscher Alvin Toffler schrieb: »Die meisten Menschen, darunter viele Futurologen, begreifen die Zukunft lediglich als Fortsetzung der Gegenwart, wobei sie vergessen, dass Trends, wie mächtig sie auch erscheinen mögen, sich nicht nur linear weiterentwickeln. Sie erreichen Endpunkte, an denen sie gleichsam explodieren und neue Phänomene hervorbringen. Sie ändern die Richtung. Sie halten inne und beginnen von Neuem.« Verstehen Sie unter dem Wort »explodieren« das Eintreten von Schicksalen, Krisen, Bedrohungen oder dergleichen, so merken Sie, worauf ich hinausmöchte. Die

Frage ist nun, ob man nicht erst in der Phase des »Innehaltens« überlegen sollte, in welche Richtung man sich ändern müßte, um dauerhafte Lösungen anzustreben.

Nachfolgend wird es gelegentlich ein wenig christlich-religiös, keinesfalls um Andersgläubige abzuschrecken, denn ich bin mir sicher, dass sie Vergleichbares in ihren friedlichen Religionen wiederfinden. So habe ich die drei Leitwörter in der Überschrift einem Zitat des US-amerikanischen Theologen Reinhold Niebuhr entnommen, welches lautet: »Gott, gib mir die Gelassenheit, Dinge hinzunehmen, die ich nicht ändern kann, den Mut, Dinge zu ändern, die ich ändern kann, und die Weisheit, das eine vom anderen zu unterscheiden.«

Unter Gelassenheit verstehe ich keinesfalls eine inaktive Gleichgültigkeit, sondern ganz im Gegenteil die mit aktiver Fantasie beleuchtete Akzeptanz der Vergangenheit. Nur die sich daraus entwickelnde Weisheit lässt uns dann augen*schein*lich erkennen, was für die Zukunft veränderbar ist. Nun bedarf es des Mutes aus der Fantasie leuchtender Vorstellungen, wie wir was verändern wollen, um dies dann auch unermüdlich und mutig in Freiheit mit der gebotenen Disziplin zu vollziehen. Bei der Gelassenheit, der Weisheit und dem Mut ist somit unsere individuelle Vorstellungskraft, die Fantasie zur Realität offensichtlich sehr wichtig. Aus diesem Grunde möchte ich auch in diesem Büchlein noch einmal Albert Einstein zitieren: »Fantasie ist wichtiger als Wissen. Denn Wissen ist begrenzt. Fantasie aber umfasst die ganze Welt.«

Grundsätzlich muss sich ein jeder tendenziell ausrichten. Stellen wir nun unser fantasievolles und damit reales Wirken unter die leuchtende Schirmherrschaft der unerschöpflichen Liebe, nennen wir sie beispielhaft Gott, was könnte dann einer freiheitlichen, friedvollen und nachhaltigen Zukunft noch im Wege stehen?

Die andere Schirmherrschaft, basierend auf Machtansprüchen durch Drohungen, Gewalt und Pseudofreiheitsgedanken, muss doch aus der Realität verbannt werden.

Ich möchte Ihnen Mut machen, nicht zu resignieren, stattdessen Ihr eigenes, geschenktes Licht der Gelassenheit, der Weisheit und des Mutes als Individuum in einer friedvollen Gesellschaft leuchten zu lassen. Darstellen möchte ich Ihnen möglichst nachvollziehbare Sichtweisen.

Widmen möchte ich dieses Büchlein all jenen, welche sich mit Zufriedenheit mutig auf den Weg machen beziehungsweise auf dem Weg sind, sich individuell gemeinschaftlich bei der Gestaltung einer freiheitlichen, friedlichen und nachhaltigen Gesellschaft zu engagieren, gleich ihrer Herkunft, ihrer Position oder ihres Ranges.

*Ihr*
*Jochen Schleef*

# Kerzenlichter

Der Schatten des Lichts ist
die Gewissheit des Lichts
Der Schatten der Dunkelheit
ist die Finsternis

Spiegelt sich die Gewissheit des Lichtes nicht in unvorstellbarem Maß im Leben und Sterben der Sophie Scholl (»Die weiße Rose«) wider?

Der Umgang der Menschen untereinander und somit miteinander birgt zunehmend viel Unsicherheit und radikale politische Ängste in sich, sei es auf Grund von Enttäuschungen oder anderer, sehr belastender Ereignisse beziehungsweise Lebensumstände. Erforderliche Veränderungen können jedoch nur durch uns, also mit uns erfolgreich realisiert werden.

Übertragen wir das Zitat von Queen Elisabeth: »Ich bin mir nicht sicher, ob ich die Kerzen mag. Kann ich meine eigene mitbringen?«, auf jeden Einzelnen von uns, so kann die Antwort nur JA, UNBEDINGT lauten, um auf diese Weise zunächst die anderen kennenzulernen und sich so ihnen annähern zu können. Einerseits wird so sehr höflich die eigene Persönlichkeit verdeutlicht. Andererseits ist doch das Mitbringen der eigenen Persönlichkeit eines jeden der Schlüssel zur Teilnahme an einer friedvollen Gesellschaft der Vielfalt mit einem Reglement aus Pflichten und somit sehr vielen freiheitlichen Rechten.

Die Gegenwart, also der momentane Augenblick, ist doch wie ein Funke in unserer Zeitskala. Allein die reale Fantasie macht es möglich, die Zeit für einen begrenzten Augenblick anzuhalten, also inne*zuhalten*.

Betrachten wir nun also unser Leben, vergleichsweise mit Abstand danebenstehend, mit dem Schein einer leuchtenden Kerze. Sie erhellt unseren Horizont in alle Richtungen. In jene, von wo sie hergetragen wurde, auch nach rechts und links leuchtend und vorausschauend, wegweisend nach vorne.

Nachfolgend möchte ich Sie inspirieren, als bedeutsamer Teil der Gesellschaft ihren individuellen Lebensweg zu betrachten, stets aus dem Blickfeld ihres persönlichen Lichtes in der Gemeinschaft und aus dieser heraus, *zukunftsorientiert* aus der Gegenwart mit Sichtweise aus der Vergangenheit.

# Der Kerzenschein der Gegenwart auf die Vergangenheit

Innehaltend, also die Zeit anhaltend, hierzu möchte ich Sie inspirieren, die Vergangenheit, also Ihre und die der Gesellschaft, aus Ihrer Sicht vielleicht ein wenig anders zu beleuchten, um sie dann zukunftsorientiert zu erhellen, möglicherweise sogar noch mehr zum Strahlen zu bringen.

Was ist Ihnen an Guten und Schlechten widerfahren? War beziehungsweise ist nicht Ihr Wunsch, erwachsen zu werden oder zu sein? Wenn ich erst einmal erwachsen bin, dann … Nur, welchen Leitbildern von Erwachsenen folgen wir beziehungsweise sind wir gefolgt?

Sie werden hoffentlich nach Ihrer Wertetabelle viel erreicht haben. Doch sind es wirklich die Werte Ihres Lichtes, die Sie mitbekommen haben der überwiegend solche, die Ihr Licht der Menschlichkeit in den Schatten stellen? Phil Bosmans formulierte es so: »Man muss nicht unbedingt das Licht des anderen ausblasen, um das eigene Licht leuchten zu lassen.« Die eigentliche Betrachtung ist somit neben Fleiß, Disziplin und Erfolgen doch jene, wie wir mit eigenen Erfolgen, Ängsten, Misserfolgen, Verlusten und Trauer selbst und im Hinblick anderer umgegangen sind und umgehen. Ich möchte Sie im Folgenden durchaus inspirieren, dies ein wenig kritisch zu betrachten, keinesfalls jedoch verurteilend, sondern mit der Gelassenheit des

Geschehenen. Und bitte glauben Sie mir, auch ich habe genügend auf dem »Kerbholz«.

Bedeutet Erwachsensein überwiegend, Macht über andere Menschen zu haben und/oder sich mit viel Geld von der Masse der Menschheit abzugrenzen, so ist dieses System dauerhaft, wie es die Geschichte zweifelsfrei zeigt, zum Scheitern aller verurteilt. Wir sollten aber unter dem »Erwachsenwerden« die Realisierung einer zunehmenden Bildung, die Realisierung eines Wohlstandsstatus (bitte in Grenzen) und das Heranwachsen der eigenen Persönlichkeit auf friedvoller Basis für und mit anderen verstehen. Also weise werden. In der neuen evangelischen Bibelübersetzung von Psalm 90,12 heißt es: »So lehre uns bedenken unsere Lebenszeit,/ damit Weisheit unser Herz erfüllt.« Es bedarf zunächst viel Lichtes der Fantasie. Im Sinne der kindlichen Fantasie. Sie steckt in jedem von uns, unser Leben lang. In Matthäus, Kapitel 19, Vers 14 heißt es: »Aber Jesus sprach: Lasset die Kindlein zu mir kommen und wehret ihnen nicht, denn solcher ist das Reich Gottes.«

Betrachten wir nun ein paar Textzeilen von Peter Maffay aus seinem Lied »Ich wollte nie erwachsen sein«. Dort heißt es: »Irgendwo tief in mir bin ich ein Kind geblieben«. Und: »Ich gleite durch die Dunkelheit. Und warte auf das Morgenlicht. Dann spiel ich mit dem Sonnenstrahl. Der silbern sich im Wasser bricht«. Gleiten heißt nicht, sich treiben lassen. Man muss schon etwas dafür tun. Und spielen mit dem Sonnenstrahl, der vielleicht anders wiederkommt, also in Ruhe Freude haben, sollte ebenfalls ein wichtiger Bestandteil des Lebens sein, um Kraft zu tanken. Das Schöne dabei ist, hierzu bedarf es wenig Geldes, hingegen viel Fantasie und eines offenen Herzens.

Die quälende Frage »WARUM?«. Bitte glauben Sie mir, dass auch ich hierzu ein Lied mit sehr vielen Strophen singen könnte. Ihre, mit Sicherheit berechtigten zweifelnden Fragen kenne ich wohl nicht, vielleicht jedoch Ihnen nahestehende Personen. Welcher Rat konnte Sie erreichen? Waren Sie, so wie auch ich, zeitweise überhaupt noch erreichbar?

Können wir die quälende Frage »Warum?« nicht erst einmal in »Weshalb?« ändern? Das Warum trägt so viel anklagende Enttäuschung in sich, das Weshalb hingegen eröffnet doch den Horizont. Der bekannte irische Literaturwissenschaftler C. S. Lewis erklärte die Bedeutung von Leid wie folgt: »Gott flüstert in unseren Freuden, er spricht in unserem Gewissen; in unseren Schmerzen aber ruft er laut. Sie sind sein Megafon, eine taube Welt aufzuwecken.« Weshalb müssen nun ausgerechnet vielleicht Sie so leiden? Möglicherweise weil es Ihnen zugetraut wird, ein unüberhörbares, deutliches Signal zu geben, und anderen nicht. Und vergessen Sie bitte nicht, Gott spricht mit vielen Menschen. So kommt doch beispielsweise Klarheit in die Tatsachen.: Weshalb gibt es Initiativen, welche Sie unterstützt haben und unterstützen, weshalb wurden und werden uns und uns nahestehenden Menschen qualifizierte, unermüdlich arbeitende Helfer zur Seite gestellt, welche Sie begleiten? Und weshalb folgten so viele Menschen dem

Aufruf unseres Bundespräsidenten, Kerzen zum Gedenken an alle Pandemieopfer ins Fenster zu stellen und deren Lichter zu entzünden? Diese Lichter leuchten in die Ewigkeit, ewiglich, garantiert! Hierauf gehe ich später noch ein. Auf jeden Fall sind es doch Boten des Lichtes in der Zeit der Schatten.

Die anklagenden, horizontlosen Elemente des »Warum?« lassen sich hingegen beispielhaft deutlich auf den Extremismus beziehen. Der Schatten der Aggressivität bringt die Zerstörung der Finsternis mit sich. Garantiert. Wir hatten es ja schon einmal.

Ich bin mir ganz sicher, dass wir, wenn wir erkennen, dass wir von vielen Lichtern begleitet werden, welche durch ein großes Licht entzündet wurden, mit einem neuen Licht des noch glimmenden Dochtes aus der Gegenwart die Zukunft friedvoller und nachhaltiger neu gestalten können. Glauben Sie mir, die uns umgebende Macht der Liebe ist unentwegt tätig. Wir sollten zuhören und lernen, damit sie um unseres Wohles willen das machen kann, was sie am liebsten tut: *flüstern.*

Konfuzius formulierte einst: »Es ist besser, ein kleines Licht anzuzünden, als die Dunkelheit zu verfluchen.« Lassen Sie uns mit individuellem Mut und der individuellen Weisheit der Gegenwart in der Gemeinschaft doch damit neu beginnen und nicht länger zweifeln!

## Das aus der Gegenwart auf die Zukunft fallende Kerzenlicht

## Die Zukunft ist die Realität aus der Fantasie der Gegenwart

Wiederum inspirieren möchte ich Sie, die Zeit für ein kleines Weilchen anzuhalten, auch wenn Ihnen zurzeit vielleicht nicht danach zu*mut*e ist, denn Mut haben Sie und brauchen Sie, um etwas WOHLgeplant zu verändern. Also zum Wohle Ihrer, vieler, möglichst aller.

Es geht somit um große Dinge, wie es Winston Churchill einst formulierte: »Alle großen Dinge sind einfach und können mit einem einzigen Wort ausgedrückt werden: **Freiheit, Gerechtigkeit, Ehre, Pflicht, Gnade, Hoffnung.**« Einfach vielleicht deshalb, weil all diese Dinge einst leuchtend in uns verankert wurden und somit möglicherweise nur noch schwach glimmen, aber wieder zum Leuchten gebracht werden können. Wann möchten wir denn beginnen, unser Licht wieder zum Strahlen zu bringen, wenn wir damit nicht schon begonnen haben? Die ersten Lichtstrahlen erreichen uns doch schon längst. So formulierte Georg Christoph Lichtenberg: »Was hilft aller Sonnenanfang, wenn wir nicht aufstehen.« Da mir die Glaskugel leider schon vor langer Zeit vom Schreibtisch gerollt und beim Aufschlagen vollständig zerdeppert ist, kann leider auch ich Ihnen nicht sagen, wohin die Reise der Zukunft geht, jedoch wohin sie gehen könnte, wie es nun nochmals Georg Christoph Lichtenberg zum Ausdruck brachte: »Ich kann freilich nicht sagen, ob es besser werden wird, wenn es anders wird; aber so viel kann ich sagen: es muss anders werden, wenn es gut werden soll.« Er verwendet zwei Mal das Wort »anders«. Ich denke, im übertragenen Sinn zunächst orientiert nach Gut und Böse. Nachfolgend dann jedoch im direkten Bezug auf das Gute. Somit bin auch ich der felsenfesten Überzeugung, dass wir noch eine gute Zukunft haben und hinterlassen können.

## Freiheit

Der Frieden bedingt die Freiheit. Das ist jedem bekannt. Der Frieden ist jedoch keineswegs ein statischer Zustand von etwas Erreichtem. Er muss sich mit den Veränderungen in den und der Gesellschaftsstrukturen fortwährend dynamisch weiterentwickeln.

Der Wunsch nach einer friedlichen und somit freiheitlichen, globalen Gesellschaft steckt doch wohl in den meisten Menschen. Das Problem ist, ob wir unseren eigenen Frieden gefunden haben und wie weit wir bereit sind, etwas für den Frieden zu geben und zu leisten. Ein Sprichwort lautet: »Die Welt ist schlecht. Jeder denkt nur an sich. Nur ich denke an mich.«

Gefragt ist also Diplomatie, geben und nehmen. Frieden ermöglicht Freiheit und Sicherheit. Sind festgelegte Regularien, friedvolle Werte und Normen nicht der Schlüssel zur Freiheit? Ein freiheitlicher Zugang zu den lebenswichtigen Ressourcen für alle, verbunden mit einer friedvollen Nachhaltigkeit, ist doch wohl die Grundlage zur Zukunft. Das wissen wir alle! Und die Hoffnung, es wird schon alles gut gehen, ist keine Hoffnung, sondern Irrsinn. Das Argument, dass erst die sogenannten »Großen« was ändern müssen, bevor ich tätig werde, ist doch unlogisch. Die Großen sind die Summe der Kleinen, eines jeden von uns und nicht mehr. Und sowohl Extremismus als auch Radikalismus haben nichts mit Freiheit, Frieden und Sicherheit zu tun. Ganz im Gegenteil. Ihr Weg führt mit Sicherheit in die Finsternis aller, garantiert!

Wir haben die Freiheit, unsere individuellen kleinen Lichter zu einem großen Licht zu bündeln, um individuell gemeinsam eine nachhaltige globale Zukunft zu gestalten.

# Gerechtigkeit

Was empfinden wir als gerecht und was ist gerecht?

Hoffentlich verlassen alle einmal das Zeitalter des »Auge um Auge, Zahn um Zahn« hin zur Diplomatie. Dies bleibt auf absehbare Zeit als erster Schritt wohl eher ein Traum. Also bedarf es klarer, verbindlicher Regeln, Gesetze, in denen die Werte und Normen der und für die Menschen klar definiert sind. Auch das ist uns bekannt. Das friedvolle Bemerkenswerte des deutschen Grundgesetzes ist doch, dass dessen Basis die zehn Gebote sind. Somit ist es doch grundsätzlich erst einmal die Aufgabe der Erziehungsberechtigten, Betreuer und Lehrer, solche Werte zu vermitteln? Dennoch, es wird, aus welcher Motivation auch immer, zunächst oder dauerhaft unbelehrbare Menschen geben. Bei Zuwiderhandlungen bedarf es eines Gerichtes und bei kriegerischen Handlungen des Militärs, zunächst einmal mit der Ankündigung der Abwehr. All dieses ist wie ein guter Donner und kommt uns bekannt vor. Nur, was kommt dann?

Mark Twain schrieb einst: »Donner ist gut und eindrucksvoll, aber die Arbeit leistet der Blitz.«

Bei straffällig gewordenen Mitmenschen soll doch der Funke überspringen, um das eigene friedvolle Licht, sofern es zumindest noch glimmend vorhanden ist, zum Leuchten zu bringen. Ist ein permanenter Kontakt zu Schwerverbrechern, welche sich selbst wohl gerne als Autorität und Lehrmeister verstehen, der richtige Weg?

Kommt es zur Wahrung von Menschenrechten, also im Sinne der Gerechtigkeit, zu einem militärischen Konflikt, so sind Menschen bereit, hierfür ihr Leben zu opfern. Warum tun sie das und von welcher Kraft wird das Licht entzündet, welches sie trägt? Und was folgt dann? Friedenssicherung, Diplomatie und Bildung.

Die zahlreichen Aktivitäten des Volksbundes Deutscher Kriegsgräberfürsorge e. V. signalisieren doch deutlich, wie von Kriegsgräbern ein Licht für den zukünftigen Frieden ausgeht.

Welche *Gerecht*igkeit widerfährt beziehungsweise welche Rechte haben unsere modernen zahllosen Sklaven, beispielsweise die Kinder auf den Mülldeponien, Leiharbeiter, Näherinnen, und wie ist es um die große Zahl der Flüchtlinge bestellt? Es sind doch Menschen, welche mit ihrem Schicksal um ihr Überleben kämpfen.

Mit welcher Gerechtigkeitsauffassung gehen wir mit unseren »Untertanen« um, den Tieren, der Natur und dem Klima? Sie leiden alle sehr und verdeutlichen uns drastisch, dass, wenn wir den zunehmend aufglimmenden Docht der Nachhaltigkeit nicht zum Leuchten bringen, wir uns selbst auslöschen. Woher kommt der Funke, welcher die Lichter bei zahlreichen Menschen im sozialen und nachhaltigen Engagement unermüdlich zukunftsorientiert leuchten lässt?

Jeder von uns trägt doch das Licht einer friedlichen Gerechtigkeit in uns, wir können es zu einem großen Licht bündeln, um individuell gemeinsam eine nachhaltige globale Zukunft zu gestalten.

# Ehre

Ehre und Würde sind wohl kaum voneinander zu trennen. Somit wird Ehre auch als Achtungswürdigkeit bezeichnet. »Ehre, wem Ehre gebührt« lautet eine bekannte Redewendung. Somit werden Personen, welche hervorragende Leistungen erbracht haben, oftmals durch Orden, Abzeichen, Urkunden oder dergleichen geehrt. Das ist zweifelsfrei sehr gut so. Nur was ist mit all jenen, die im Hintergrund arbeiten, häufig eine vergleichbare Leistung erbringen, und jenen, welche mit gutem Gewissen »gegen den Strom schwimmen« und statt Ehrung Missachtung ernten? Sind dieses unehrenhafte Menschen? Wohl kaum. Ganz sicher ist doch das höchste Maß der Ehre das zu*friede*n*e* Gefühl, etwas Gutes geleistet zu haben und zu tun. Belobigungen für ausgeübte Beleidigungen, Drohungen, Körperverletzungen oder sogar Attentate haben nichts mit Ehre zu tun. Diese sind der Zündstoff zur Finsternis. Der Zündstoff jener, die das Licht fürchten.

Zur Ehrerbietung der unglaublichen Mitmenschlichkeit werde ich wohl, als selbst körperlich behinderter Mensch, einen der Fernsehberichte, welcher um die Welt ging, niemals vergessen, nämlich den, als Donald Trump vor laufender Kamera extrem denunzierend ataktisch und spastisch zitternd Behinderte herabwürdigend nachäffte. Ganz sicher ist dies nur eine Bagatelle im Vergleich zu vielen anderen, schwerwiegenderen Eskalationen dieses Menschen.

Es verdeutlicht aber ganz real als Beispiel die unehrenhafte Unmenschlichkeit einzelner »Schreihälse«. Kindlich formuliert: Hat er noch alle Murmeln beieinander?

Wir tragen jeder doch das Licht der Ehre in uns, können es zu einem großen Licht der friedlichen Ehrerbietung bündeln, um individuell gemeinsam eine nachhaltige globale Zukunft zu gestalten.

# Pflicht

Beginnen möchte ich diesen Abschnitt mit einem Zitat von Mahatma Gandhi: »Die Nichtzusammenarbeit mit dem Schlechten gehört ebenso zu den Pflichten wie die Zusammenarbeit mit dem Guten.«

Wir alle kennen Pflichten zur Genüge. Die allgemeine Schulpflicht, früher die Wehrpflicht beziehungsweise die des sozialen, zivilen Dienstes und so weiter. Gefühlt eine nicht endende Aneinanderreihung von Pflichten. Nur engen Sie uns und unseren Horizont, unser gutes Lebensgefühl dauerhaft ein?

Verstehen wir die Pflicht doch einmal als eine uns privilegiert gebotene Voraussetzung zur Gestaltung der und Teilnahme an einer freiheitlichen, friedvollen und nachhaltigen Zukunft für jeden. Was ist daran einengend? Es erfordert lediglich Disziplin. Das wissen wir.

Denken wir doch einmal schmunzelnd an den Film »Die Feuerzangenbowle« nach dem Roman von Heinrich Spoerl. Dort heißt es: »Mit der Schule ist es wie mit der Medizin: Sie muss bitter schmecken, sonst nützt sie nichts!« Ganz sicher ist nicht jedes Schulfach und schmeckt nicht jede Medizin bitter. Aber wir wollen im Leben und im Beruf durch Bildung Erfolg haben sowie gesund bleiben beziehungsweise werden. Was sind dagegen schon ein paar bittere Pillen? Lediglich die Disziplin zu deren Einnahme benötigen wir. Also, Disziplin kennen wir, wir haben sie oder sollten sie haben. Und nun zu unserer selbst zu wählenden Ausrichtung. Was machen wir mit Schätzen, welche wir uns auf Grund der uns geschenkten Talente erarbeiten durften? Wir können uns nach der modernen Gier nach immer mehr, immer schneller, jetzt und heute ausrichten. Nur, glauben Sie wirklich, dass die fünfte Edelkarosse in der Tiefgarage glücklicher macht als die erste? Nichts gegen Luxus. Nur in welchem Rahmen und zu wessen Preis?

Glauben Sie wirklich, dass ein mit einem hinterfragungsbedürftigen Pflichtgefühl geführter Krieg um mehr Territorium und/oder Bodenschätze anderer beziehungsweise weil man sich als die überlegene Rasse oder Verfechter einer einzig wahren Religion berufen fühlt, jemals Frieden bringt? Versteht man das Militär als Ausübung von Abschreckung und notfalls auch als Einsatzmittel für Friedenssicherung und Wahrung der Menschenrechte, so kommt doch bei den darin Dienenden, gleich welchen

Ranges, das Gefühl des *Zufrieden*seins in und durch ihren Einsatz auf. Wir bräuchten kein Militär, wenn es eine allgemeine und somit für alle gleichermaßen grundsätzliche, umfassend anerkannte, menschenwürdigende soziale Bildung gäbe, wodurch die Diplomatie im Konfliktfall auf ein erfolgversprechendes Fundament gesetzt würde. Dieses scheint wohl noch in zahlreichen Fällen Utopie zu sein.

Sehr viele Menschen aller Alters-, Berufs- und Gesellschaftsgruppen engagieren sich im Ehrenamt für und mit anderen, freiwillig, ohne Zwang. Sie lernen mit Disziplin, um *pflicht*bewusst ihr Aufgabenfeld auszufüllen. Das Pflichtgefühl der Zusammenarbeit für das Gute macht doch offensichtlich nachhaltig zufrieden und frei. Das Pflichtgefühl mit dem bedrohlichen Sog des Strudels des Bösen, wie zum Beispiel der Gier, verursacht hingegen die Enge der Ängste, Aggressionen und Schlimmeres.

Klarstellen möchte ich, was jeder weiß: Niemand ist vollkommen! Und ich selbst bin es schon lange nicht. Nur ist dies keine Entschuldigung dafür, sich bewusst für das Schlechte zu entscheiden, um möglicherweise kurzfristige Vorteile zu erlangen, wenn man doch eigentlich das Gute will.

Wir jeder tragen doch tendenziell das Licht der freiheitlichen Pflichterfüllung in uns, können es zu einem großen Licht der friedlichen Pflichten bündeln, um individuell gemeinsam eine nachhaltige globale Zukunft zu gestalten.

# Gnade

In der Theologie bedeutet Gnade unter anderem das Geschenk der Barmherzigkeit. Ein Geschenk, also etwas, für das man, wenn es ohne Gegenleistung angenommen wird, zukunftsorientiert durchaus dankbar sein sollte. Ich möchte Sie ermutigen, dieses Geschenk dankbar anzunehmen. Über den direkten Zusammenhang zwischen dem Danken und Denken schrieb ich im Büchlein mit dem Titel »Danken, die stolze Demut der starken Zukunft«.

In der zweiten Strophe des Liedes »Danke für diesen guten Morgen«, Nummer 334 im evangelischen Gesangbuch, heißt es: »Danke, wenn auch dem größten Feinde ich verzeihen kann«. Dort steht nicht *meinem* größten Feinde, der aber mit Sicherheit dazugehört. Entscheidend ist, wie ich als individueller Teil der Gesellschaft bedeutungsvoll mit und für diese mit den Feinden umgehe.

Zu jeder Zeit haben wir die Möglichkeit, gnädig denkend von Herzen, also barmherzig Geschehnisse zu beurteilen. Jedes Unrecht und jede Straftat muss jedoch zumindest abwehrend bestraft werden, so fordert es zu Recht das Rechtsstaatsprinzip. Nur was kommt dann? Was ist mit der Reue? Fangen wir an, zunächst einmal unsere eigenen Fehler, wenn wir sie begangen haben, als solche wahrzunehmen, sie zu bereuen mit der Erkenntnis, ich muss und will mich zukünftig ändern, so bietet Ihnen jede friedliebende Religion die garantierte Option der Gnade, also der inneren Vergebung. Nehmen Sie diese dann bitte als Chance an, auch wenn Sie eine verdiente Strafe bekommen haben, denn Sie brauchen viel Energie, um Ihre neue Zukunft zu realisieren, und nicht, um sich selbst zu zerstören. Wir haben einen gnädigen Gott, nur bezahlen, also bestechen lässt er sich nicht! Wir müssen schon tätig werden.

Was ist mit dem Unrecht, welches uns andere zugefügt haben, im individuellen Einzelfall oder als Gemeinschaft? Jeder kennt das Gefühl: Mit der oder dem habe ich noch eine menschliche Rechnung zu begleichen. Geben Sie bitte Ihre mit Sicherheit berechtigten Rache- und Vergeltungsgefühle in die dafür qualifizierten Hände, vergleichbar mit einem Inkassobüro, auch wenn hier vereinzelt Fehler gemacht werden. Und wenn Sie der festen Überzeugung sind, dass begangene Fehler nicht beachtet werden, so wenden Sie sich doch friedvoll und nachdrücklich an die Öffentlichkeit. Dieser Weg ist doch bekannt.

Und bitte nochmals: Wenn bei anderen und/oder gegebenenfalls vielleicht auch bei Ihnen selbst die reale Reue deutlich erkennbar ist, seien Sie sanft*mütig*, denn diesen großen zukunftsorientierten Mut haben Sie!

Deutlich festzustellen ist, wie Vergangenheit, Gegenwart und Zukunft einander bedingen und eine Einheit bilden. In unserer politischen, freiheitlichen Gegenwart tummeln sich nun wiederholt Extremisten, welche uns Feindbilder vorstellen. Generell: Bilder sind statische Momentaufnahmen und es gibt sehr viele Fälschungen. Das echte Leben ist Dynamik und Weiterentwicklung. Wie bringen jene jetzt in eine Fälschung Dynamik hinein? Die realen Instrumentarien sind: Nötigung, Erpressung, Körperverletzung und Mord. Der versprochene Preis für den Verkauf der individuellen, freiheitlichen und friedvollen Seele ist: Anerkennung, Ruhm, wirtschaftliche Absicherung und die Überzeugung, zur überlegenen und überlebenden Rasse zu gehören. Kommt Ihnen das nicht bekannt vor? Dieses waren doch schon einmal Versprechen in der gescheiterten Vergangenheit. Zudem sind das doch wohl genau die Lockmittel des größten Widersachers der Menschlichkeit.

Was hat das mit freiheitlicher, gerechter, ehrhafter und disziplinierter Gnade oder Vergebung zu tun?

Plato schrieb einst: »Wir können einem Kind leicht verzeihen, das sich vor der Dunkelheit fürchtet. Die wirkliche Tragödie ist, wenn sich Menschen vor dem Licht fürchten.« Solche Menschen gab es, gibt es und wird es immer geben. Und sie schreien unüberhörbar am lautesten! Ihr Geschrei ist der Ruf aus der Dunkelheit. Die vielfältigen, deutlichen und sanften Klänge hingegen bahnen den Weg der Zukunft. Wem folgen wir?

Wir tragen jeder doch das uns selbst befreiende Licht der Gnade in uns, können es zu einem großen Licht bündeln, um individuell gemeinsam eine nachhaltige globale Zukunft zu gestalten.

# Hoffnung

## Die Gewissheit des Lichtes

Ein altes Sprichwort lautet: »Die Hoffnung stirbt zuletzt«.
Ich möchte Sie nun begleiten auf den Weg hin zu:

## »Die Hoffnung stirbt nie.«

Betrachten wir das Licht der Sterne. Sternenforscher und
Astrophysiker behaupten zu Recht, das es den materiellen
Ursprung zahlreicher Sternenlichter seit sehr langer Zeit
schon nicht mehr gibt. Trotzdem sind die Lichter definitiv
wohlgeordnet ganz real da und bei klarem Himmel für jeden nachts deutlich sichtbar. Ihre strukturierte Anordnung
ermöglichte jahrtausendelang, dass Reisende sicher ihr Ziel
erreichen konnten. Nun wird es wiederum ein wenig christlich-religiös, da ich, wie bereits erwähnt, in dieser Kultur
aufgewachsen bin. Keinesfalls möchte ich damit Andersgläubige einer friedvollen Religion abschrecken, ganz im
Gegenteil, da es in ihrer Religion Parallelen geben wird.
   Der Stern von Bethlehem. Keine Fantasie! Er hat die drei
Weisen sicher zum Stall navigiert. Zu dem Ort, an dem das

**Wort** der friedvollen, menschenwürdigen Nachhaltigkeit real **sichtbar** und **greifbar** wurde. Im Neuen Testament der Bibel heißt es bei Lukas, Kapitel 2, Vers 10: »Fürchtet euch nicht! Siehe, ich verkündige euch große Freude, die allem Volk widerfahren wird.« Also bitte: keine Angst vor dem neuen Weg, dem real anfassbaren Licht der Freude! Jedes Jahr zu Weihnachten sind die Kirchen übervoll von Menschen jeden Alters und aus allen Gesellschaftsschichten und ihre Herzen werden spürbar warm. Was erwärmt sie? Sind es die Kerzen am Weihnachtsbaum, die Predigt oder die Kirchenmusik? In Summe wahrscheinlich ja. Aber der, der diese Lichter entzündet, kommt aus dem Schein des Lichtes des in der Krippe liegenden Kindes aus dem Stall. Diese leuchtende Botschaft erwärmt, blendet und erlischt niemals.

Im modernisierten Text des 2. Korinther, Kapitel 4, Vers 6 steht geschrieben: »Denn Gott, der da hieß das Licht aus der Finsternis hervorleuchten, der hat einen hellen Schein in unsere Herzen gegeben, dass in uns entstünde die Erleuchtung von der Erkenntnis der Klarheit Gottes in dem Angesicht Jesu Christi.« Warum müssen Menschen von der ihnen anvertrauten Freiheit Gebrauch machen, dieses Licht gewaltsam zu löschen? Was haben die Kirchen und andere mit ihren Religionen der Hoffnung veranstaltet? Wir haben doch viel hoffnungsvolles Potenzial. Beispielsweise sind die Lichter des Volkstrauertages doch leuchtende Mahnungen zum Frieden. Die Kerzenlichter des Ewigkeitssonntages sind doch leuchtendes Gedenken aller Verstorbenen, namentlich aus den Gemeinden. Der Aufruf unseres Bundespräsidenten, welchem so viele nachgekommen sind, zum Gedenken aller Pandemieopfer und zum Beistand aller Trauernden abends leuchtende Kerzen ins Fenster zu stellen, ist doch wohl beispiellos. Und bitte glauben Sie mir, selbst wenn ich mich vielleicht, in der Gewissheit, nicht abzustürzen, »sehr weit aus dem Fenster lehne«: Die reale, friedliche Hoffnung des Scheines der Kerzenlichter erlischt mit Gewissheit nie, auch wenn die Kerzen längst abgebrannt sind.

Jeder von uns trägt doch das Licht der Hoffnung in sich, wir können es zu einem großen Licht bündeln, um individuell gemeinsam eine nachhaltige globale Zukunft erhellend zu gestalten.

Also, was machen wir nun mit den Optionen unserer Zukunft? Viele gute Wege werden uns doch bereits vorgelebt wie ein Sonnenaufgang. Somit möchte ich den Bogen schlagen hin zu dem am Anfang bereits erwähnten Zitat von Georg Christoph Lichtenberg: »Was hilft der Sonnenaufgang, wenn wir nicht aufstehen.« Zum Aufstehen bedarf es Mutes. Und Mut ist das Resultat aus Hoffnung und Vertrauen. Betrachten Sie doch nun bitte sehr intensiv den Text der ersten Strophe des Liedes Nummer 395 aus dem Evangelischen Gesangbuch. Dort heißt es: »Vertrau den neuen Wegen, auf die dein Herz uns weist, weil Leben heißt: sich regen, wie Leben wandern heißt. Seit leuchtend Gottes Bogen …«

Zunächst dem Fundament allen Schaffens, der Hoffnung und dem Vertrauen, eine individuelle, friedvolle, nachhaltige gemeinsame Basis für und mit dem Mut zur Veränderung der zukünftigen Gesellschaft geben, ist doch wohl zielorientiert. Nachdem die religiösen Gemeinschaften vielleicht zunächst einmal bei sich selbst aufgeräumt haben, könnte daraus eine Gesellschaft erwachsen, in der ein ausreichendes Angebot an seelischer, geistiger und körperlicher Nahrung für alle zur Verfügung steht. Ob man dieses Angebot annimmt, um dann mit Zufriedenheit mutig tätig zu werden, bleibt jedem selbst überlassen. Nur, was spricht dagegen? Im übertragenen Sinn: Nicht jeder mag beispielsweise Linseneintopf, Steckrübeneintopf oder Erbsensuppe. Muss man, nachdem man davon probiert hat, ja auch nicht, denn nur die Vielfalt kann zukunftsorientiert sein.

Dieses klingt vielleicht sehr sozialistisch, soll aber nicht so verstanden werden. Leistung und Geschick muss auch zukünftig besonders honoriert werden. Aber bitte nicht unter der Bedingung, damit andere Lichter auszulöschen, sondern um sie am Leuchten zu erhalten und ihnen den Treibstoff zu geben, den sie zukünftig benötigen, um ihr eigenes Licht im vollen Schein erstrahlen zu lassen.

Sicherlich halten zumindest einige von Ihnen mich für einen Träumer. Der bin ich, zweifelsfrei. Hingegen bin ich aber auch Realist. Mir ist sehr wohl bewusst, dass es das Böse und Schlechte gab, gibt und immer geben wird. Seine Instrumente sind bekannt. Ich hoffe sehr, Ihnen keine Angst vermittelt zu haben. Ganz im Gegenteil war und ist es mein Wunsch, dass Sie das unerschöpfliche Energiepotenzial Ihres Mutes erkennen und nutzen, um individuell kraftvoll und friedlich die veränderbaren Dinge zu ändern, welche Nachhaltigkeit bedingen, beziehungsweise Sie zu ermutigen, damit fortzufahren. Ich habe persönlich Stellung zu Herrn Trump und allgemein zum Radikalismus, insbesondere dem Rechtsextremismus bezogen und dabei bleibe ich auch. Friedvolle, nachhaltige und vielleicht nachvollziehbare Optionen aufzuzeigen war meine Motivation, dieses Büchlein zu schreiben, und keinesfalls, Sie in eine Richtung zu drängen oder zu bedrängen.

Mein Wunsch war es hingegen, Sie auf ihrem freiheitlichen Weg zu und mit ihrer *Zufrieden*heit mit sich selbst und der Gesellschaft ein kurzes Stück weit begleiten zu dürfen.

*Ihr*
*Jochen Schleef*